IL MANUALE DELLA DIETA F

Scopri come la frutta può cambiare la tua vita

Tom Lockes

Titolo: Il manuale della dieta fruttariana

Autore: Tom Lockes

Copyright © Tom Lockes.

Tutti i diritti sono riservati all'autore. Nessuna parte di questo libro può essere riprodotta senza l'autorizzazione dell'Autore.

Prima edizione: settembre 2023

Disclaimer

Le informazioni contenute in questo libro sono fornite a scopo informativo e educativo e non sostituiscono il consiglio, la diagnosi o il trattamento medico professionale. Se hai dubbi o domande sulla tua salute, è fondamentale che tu ti consulti con un medico o un altro operatore sanitario qualificato.

Sebbene ogni sforzo sia stato fatto per assicurare l'accuratezza delle informazioni, l'autore e l'editore declinano ogni responsabilità per errori, omissioni o effetti avversi derivanti dall'uso delle informazioni contenute in questo libro.

Indice

1. **Introduzione**
   - Definizione di dieta fruttariana
   - Breve storia e origini
   - Benefici e potenziali rischi

2. **Principi Fondamentali**
   - Cosa significa essere fruttariani
   - Distinzione tra fruttarianismo e altri regimi alimentari vegetali
   - Componenti nutrizionali dei frutti

3. **Vantaggi della Dieta Fruttariana**
   - Benefici per la salute
   - Benefici per l'ambiente
   - Etica e animalismo

4. **Sfide e Precauzioni**
   - Carenze nutrizionali potenziali
   - Aspetti psicologici e sociali
   - Come evitare trappole comuni

5. **Transizione verso una Dieta Fruttariana**
   - Come iniziare
   - Gradualità e adattamento
   - Sostituzioni e alternative

6. **Esempi di Menu e Ricette Fruttariane**
   - Colazioni, pranzi, cene
   - Snack e dessert
   - Ricette internazionali

7. **Consigli per la Spesa e Conservazione dei Frutti**
   - Scegliere frutti di stagione e locali
   - Frutta biologica vs. tradizionale
   - Conservazione e maturazione

8. **La Vita Sociale come Fruttariano**
   - Mangiare fuori: consigli e strategie
   - Condividere la propria scelta alimentare
   - Partecipare a comunità e gruppi fruttariani

9. **Studi e Ricerche sull'Impatto del Fruttarianismo**
   - Analisi scientifica dei benefici

- Confronto con altre diete
- Potenziali rischi e come mitigarli

10. Conclusione e Prospettive Future

- L'evoluzione del fruttarianismo nel tempo
- Prospettive per il futuro della dieta fruttariana
- Invito alla sperimentazione personale

Introduzione

Definizione di dieta fruttariana

La dieta fruttariana è una forma estrema di vegetarianismo che si basa esclusivamente, o quasi, sul consumo di frutti. A differenza delle diete vegetariane o vegane tradizionali, dove si possono includere una varietà di cibi come verdure, legumi, cereali e noci, nella dieta fruttariana, il focus è sui frutti nella loro forma più pura e non manipolata.

Il fruttarianismo, come suggerisce il nome, promuove l'idea che l'uomo dovrebbe nutrirsi prevalentemente di frutti. Questi possono includere non solo la tipica frutta dolce come mele, pere e banane, ma anche frutta a guscio come noci e mandorle, e frutti "vegetali" come pomodori, cetrioli e peperoni. La ragione di ciò risiede nella convinzione che i frutti siano la forma di cibo più naturale e benefica per il corpo umano, data la loro digeribilità, il loro contenuto di acqua e le ricche proprietà nutritive.

La definizione precisa di "frutto" può variare tra i sostenitori della dieta. Mentre alcuni fruttariani scelgono di consumare solo frutta dolce, altri includono anche semi, noci, cereali e qualsiasi altro alimento che provenga da un fiore e non richieda la distruzione della pianta per essere raccolto.

È essenziale sottolineare che il fruttarianismo va oltre una semplice scelta alimentare. Per molti, rappresenta un'ideologia che si focalizza sulla non violenza, sulla coesistenza armoniosa con la natura e sul rifiuto di causare danno agli esseri viventi. Questo si riflette nella preferenza per i frutti, poiché la loro raccolta non comporta generalmente la morte della pianta, a differenza di radici o tuberi come patate e carote.

La dieta fruttariana, sebbene possa sembrare estrema o non convenzionale per molti, ha guadagnato attenzione e interesse nel corso degli anni. Molti sono attratti dai potenziali benefici per la salute, mentre altri sono motivati da ragioni etiche o ambientali. Come con qualsiasi regime alimentare, è fondamentale informarsi ed essere consapevoli delle proprie scelte, bilanciando le proprie necessità nutrizionali con le convinzioni personali.

Breve storia e origini

Nel tentativo di comprendere la natura e il fascino del fruttarianismo, è essenziale guardare indietro, verso le radici storiche e culturali di questa dieta. Sebbene possa sembrare un fenomeno moderno, in realtà, l'idea di nutrirsi principalmente di frutta ha radici antiche e profonde.

1. **L'antichità**: L'idea di consumare frutti come fonte primaria di nutrimento può essere rintracciata in diverse civiltà antiche. Sia nei testi sacri hindu che in alcune interpretazioni della Bibbia, si fa riferimento a periodi in cui l'uomo viveva in armonia con la natura, nutrendosi esclusivamente dei doni spontanei della terra, principalmente frutti. Ad esempio, nel Giardino dell'Eden, si dice che Adamo ed Eva abbiano consumato solo frutta fino alla caduta dell'uomo.

2. **Filosofi e pensatori**: Nell'antica Grecia, alcuni filosofi promuovevano l'idea della semplicità nella dieta come chiave per una mente lucida e un corpo sano. Pitagora, per esempio, seguiva una dieta strettamente vegetariana, e si dice che in certi periodi avesse favorito i frutti per le loro qualità purificanti.

3. **Epoche moderne:** Con l'avvento del vegetarianismo e del veganismo nel 19° e 20° secolo, il fruttarianismo ha iniziato a guadagnare popolarità come una sottocategoria estrema di queste diete. L'idea di ritornare a uno stato "edenico" di purezza attraverso l'alimentazione ha attirato l'attenzione di molte persone in cerca di spiritualità e benessere fisico.

4. **Celebrità e media**: Nel corso degli anni, diverse figure pubbliche hanno espresso il loro interesse o addirittura adottato una dieta fruttariana, contribuendo alla sua popolarità. Steve Jobs è forse uno degli esempi più famosi, avendo seguito una dieta fruttariana in diverse fasi della sua vita. Questa visibilità mediatica ha portato una maggiore consapevolezza e curiosità riguardo al fruttarianismo nel pubblico generale.

5. **Comunità attuali**: Oggi, con l'accesso a informazioni e risorse digitali, le comunità fruttariane sono cresciute in numero e diversità. Festival, ritiri e gruppi online dedicati al fruttarianismo sono diventati comuni, permettendo ai seguaci di questa dieta di condividere esperienze, ricette e consigli.

In conclusione, il fruttarianismo, pur essendo spesso visto come un movimento di nicchia, ha in realtà radici profonde e antiche. La sua storia ci ricorda che l'umanità ha sempre cercato modi per connettersi con la natura e trovare l'equilibrio attraverso l'alimentazione. Mentre le motivazioni per adottare una dieta fruttariana possono variare da persona a persona, l'essenza del fruttarianismo — il desiderio di vivere in armonia con il mondo naturale — rimane costante attraverso i secoli.

Benefici e potenziali rischi

In un mondo in cui la salute e il benessere sono al centro dell'attenzione, molti sono attratti dalla promessa di una dieta che potrebbe offrire un senso di purezza e connessione con la natura. Ma, come con qualsiasi scelta dietetica, il fruttarianismo porta con sé sia benefici potenziali sia possibili rischi. Esaminiamoli.

1. **Benefici:**
- Ricchezza di nutrienti: La frutta è un tesoro di vitamine, minerali, antiossidanti e fibre. Una dieta basata sulla frutta può offrire un carico di sostanze nutritive essenziali che promuovono la salute della pelle, una digestione regolare e possono proteggere contro alcune malattie croniche.

- Purificazione del corpo: Molti fruttariani riferiscono di sentirsi "puliti" o "detossinati" grazie alla dieta. Questo potrebbe essere dovuto all'assenza di additivi, conservanti e sostanze chimiche presenti in molti alimenti trasformati.

- Diminuzione dell'impatto ambientale: La produzione di frutta, in generale, ha un impatto ambientale inferiore rispetto all'allevamento di animali. Optare per una dieta basata sulla frutta potrebbe quindi ridurre l'impronta ecologica individuale.

- Etica non violenta: Dal momento che la raccolta della frutta non comporta la morte della pianta, il fruttarianismo viene visto da molti come un modo per nutrirsi in armonia con la natura, senza causare danno agli esseri viventi.

1. **Potenziali rischi**:
- Carenze nutrizionali: Escludendo interi gruppi di alimenti, c'è il rischio di carenze di nutrienti essenziali come proteine, calcio, ferro, acidi grassi essenziali e vitamina B12.

- Problemi di salute a lungo termine: Una dieta che non fornisce tutti gli aminoacidi essenziali, acidi grassi e micronutrienti può portare a problemi di salute nel lungo termine, come l'osteoporosi, anemia o problemi neurologici.

- Problemi di digestione: Sebbene la frutta sia ricca di fibre, che possono promuovere una buona digestione, un eccesso può causare disturbi digestivi come gonfiore, gas o diarrea.

- Variazioni glicemiche: Consumare grandi quantità di frutta, in particolare frutti molto zuccherini, può causare picchi glicemici, che potrebbero non essere ideali per tutti, specialmente per chi soffre di diabete.

In sintesi, mentre il fruttarianismo offre indubbi benefici, è essenziale avvicinarsi a questa dieta con consapevolezza e informazione. La chiave potrebbe risiedere nell'equilibrio, ascoltando il proprio corpo e, se necessario, integrando la dieta con alimenti che forniscono i nutrienti mancanti.

CAPITOLO 2

Principi Fondamentali

Cosa significa essere fruttariani

Intrappolati nell'incessante trambusto della vita moderna, molte persone sentono il desiderio di tornare alle origini, di riconnettersi con la natura e di ricercare una forma di purezza nella propria esistenza. Ecco che entra in gioco il fruttarianismo, non solo come una semplice dieta, ma come uno stile di vita e una filosofia profonda.

Ma cosa significa realmente "essere fruttariani"?

1. **Vivere in armonia con la natura**: Al centro del fruttarianismo c'è il desiderio di vivere in sincronia con l'ambiente circostante. Optando per una dieta che rispetta la vita delle piante e minimizza il danno ecologico, i fruttariani cercano di instaurare un rapporto di reciprocità con la Terra.

2. **Ascoltare il proprio corpo**: La scelta di nutrirsi esclusivamente o prevalentemente di frutta richiede un'acuta consapevolezza delle proprie esigenze fisiche. E' un processo di ascolto continuo, dove il corpo guida verso ciò di cui ha realmente bisogno.

3. **Una scelta etica**: Oltre alle ragioni personali di salute e benessere, molti fruttariani sono motivati da una profonda compassione per tutti gli esseri viventi. Consumando frutta, si evita di arrecare danno alle piante, e questo rispetto per la vita si estende spesso ad una visione più ampia, inclusiva di animali e ambiente.

4. **Oltre l'alimentazione**: Sebbene la dieta sia un aspetto centrale del fruttarianismo, questo stile di vita va oltre il cibo. Si tratta di una ricerca di equilibrio e armonia in tutti gli aspetti della vita, dal consumo consapevole alla meditazione, alla condivisione con una comunità di persone con valori simili.

5. **Continua evoluzione**: Essere fruttariani non significa aderire rigidamente a un insieme di regole. Per molti, è un percorso in continua evoluzione, che può includere periodi di sperimentazione e adattamento in base alle circostanze della vita e alle esigenze del corpo.

6. **Educazione e consapevolezza**: Con la crescente popolarità del fruttarianismo, c'è anche una crescente necessità di informazione. Essere fruttariani significa anche essere educati sulle proprie scelte, comprendere la scienza della nutrizione e essere preparati a rispondere alle domande e alle critiche con conoscenza e grazia.

In conclusione, essere fruttariani non è solo una scelta alimentare; è una dichiarazione di intenti, un impegno verso sé stessi, verso gli altri esseri viventi e verso il pianeta. È un percorso di crescita personale, di scoperta e di connessione, che offre sfide e ricompense in egual misura.

Distinzione tra fruttarianismo e altri regimi alimentari vegetali

Nell'ampio spettro delle diete basate su prodotti vegetali, il fruttarianismo occupa una posizione particolare. Per molti, può sembrare una semplice variante di altri regimi alimentari più conosciuti come il vegetarianismo o il veganismo. Tuttavia, se esplorato più in profondità, il fruttarianismo si distingue per alcune caratteristiche chiave.

1. **Il vegetarianismo**: Questa dieta esclude carne, pesce e pollame, ma può includere altri prodotti di origine animale come latte, uova e miele. Il focus è sull'eliminazione del consumo di carne.

- Fruttarianismo vs. Vegetarianismo: Mentre i vegetariani possono consumare una varietà di alimenti, inclusi cereali, legumi, verdure e latticini, i fruttariani si concentrano principalmente o esclusivamente sui frutti. L'etica alla base delle scelte può essere simile, ma la pratica alimentare differisce notevolmente.

2. **Il veganismo**: I vegani escludono tutti gli alimenti di origine animale dalla loro dieta. Ciò include carne, latticini, uova e, spesso, anche prodotti come il miele. La

motivazione per molti vegani spesso va oltre la dieta e include un impegno generale verso i diritti degli animali e l'ambiente.

- **Fruttarianismo vs. Veganismo**: Entrambe le diete sono completamente basate su prodotti vegetali, ma i fruttariani si limitano ai frutti. Un vegano può consumare cereali, noci, semi, legumi e verdure, mentre un fruttariano preferisce evitare questi gruppi alimentari o limitarli notevolmente.

3. **Crudismo** (Raw Foodism): Questa dieta si concentra sul consumo di cibi crudi o non cotti al di sopra di una certa temperatura (spesso intorno ai 48°C). L'idea è che il cibo crudo mantenga meglio i suoi nutrienti e enzimi rispetto al cibo cotto.

- **Fruttarianismo vs. Crudismo**: Mentre tutti i fruttariani mangiano cibo crudo (la frutta), non tutti coloro che seguono una dieta crudista sono fruttariani. Un crudista può includere verdure crude, semi, noci e altri cibi che non sono necessariamente frutti.

4. **Diete basate su piante** (Whole Food Plant-Based): Queste diete si concentrano sul consumo di cibi vegetali nella loro

forma più intera e naturale, escludendo prodotti di origine animale e cibi trasformati.

- **Fruttarianismo vs. Whole Food Plant-Ba**sed: Anche se entrambi si basano su prodotti vegetali, il fruttarianismo è molto più specifico nel concentrarsi sui frutti, mentre una dieta basata su piante può essere molto più varia, includendo una vasta gamma di verdure, cereali integrali, legumi, noci e semi.

In sintesi, mentre il fruttarianismo condivide molte somiglianze con altri regimi alimentari vegetali, ha le sue peculiarità distintive. È la sua stretta focalizzazione sui frutti e la filosofia che spesso lo accompagna che lo rendono unico nel panorama delle diete basate su prodotti vegetali.

Componenti nutrizionali dei frutti

Quando pensiamo alla frutta, spesso ci vengono in mente immagini di ciotole colorate, ricche di sapori dolci e freschi. Ma la frutta non è solo un piacere per il palato; è anche un magazzino di nutrienti essenziali che hanno effetti profondi sulla nostra salute. Scopriamo cosa rende i frutti così speciali dal punto di vista nutrizionale.

1. **Vitamine**: La frutta è una fonte inestimabile di vitamine essenziali.

- **Vitamina C**: Presente in abbondanza in agrumi, kiwi e fragole, questa vitamina è essenziale per la salute della pelle, la guarigione delle ferite e il supporto del sistema immunitario.
- **Vitamina A**: Molti frutti di colore arancione e giallo, come mango, papaya e melone, sono ricchi di beta-carotene, una forma di vitamina A fondamentale per la vista e la salute della pelle.
- **Vitamine del gruppo B**: Anche se sono più comunemente associate ai cereali, alcune vitamine del gruppo B si trovano anche nei frutti, come nei banani.

2. **Minerali**: Questi elementi sono essenziali per numerose funzioni corporee.

- **Potassio**: Frutti come banane, arance e meloni sono ricchi di potassio, che contribuisce al corretto funzionamento muscolare e al mantenimento di una pressione sanguigna normale.
- **Magnesio**: Presente in frutti come fichi e avocado, il magnesio è fondamentale per l'energia e la salute ossea.

3. **Fibre**: La fibra dietetica è fondamentale per una digestione sana e può aiutare a prevenire alcune malattie croniche. La frutta, in particolare la frutta con la buccia, è una fonte eccellente di fibre.

4. **Antiossidanti**: Queste molecole combattono i radicali liberi nel corpo, riducendo il rischio di malattie croniche.

- **Flavonoidi**: Trovati in mele, bacche e agrumi, questi composti possono avere effetti antinfiammatori e antitumorali.
- **Carotenoidi**: Presenti in frutti di colore arancione, giallo e rosso, questi antiossidanti sono noti per i loro benefici per la vista e la pelle.

5. **Zuccheri naturali**: La frutta contiene zuccheri come fruttosio, che forniscono energia rapida. Tuttavia, a differenza degli zuccheri aggiunti nei cibi trasformati, gli zuccheri della frutta sono bilanciati dalla presenza di fibre, vitamine e altri composti benefici.

6. **Acqua**: Molti frutti hanno un alto contenuto d'acqua, che aiuta a mantenere l'idratazione. Angurie, cetrioli e fragole sono solo alcuni esempi di frutti ricchi d'acqua.

Incorporare una varietà di frutti nella dieta può offrire un arcobaleno di nutrienti benefici. Tuttavia, come con qualsiasi regime alimentare, è importante garantire un equilibrio e assicurarsi di ricevere tutti i nutrienti necessari per una salute ottimale.

CAPITOLO 3
I vantaggi del fruttarianismo

Benefici per la salute

La dieta fruttariana, come suggerisce il nome, si concentra sul consumo di frutti. Questi alimenti naturali e colorati non sono solo un piacere per gli occhi e il palato, ma possono anche offrire una serie di benefici per la salute quando consumati come parte di una dieta equilibrata.

1. **Promozione della salute digestiva**: I frutti sono ricchi di fibre, in particolare se consumati con la loro buccia. Le fibre favoriscono la regolarità intestinale, aiutano a prevenire la stitichezza e possono ridurre il rischio di sviluppare disturbi come le emorroidi e la diverticolosi.

2. **Supporto al sistema immunitario**: Con il loro alto contenuto di vitamina C e altri antiossidanti, i frutti possono aiutare a rafforzare il sistema immunitario, rendendoci più resilienti alle infezioni.

3. **Riduzione del rischio di malattie croniche**: Molti studi hanno collegato il consumo regolare di frutta a un ridotto

rischio di numerose malattie croniche, come le malattie cardiache, alcuni tipi di cancro e il diabete di tipo 2.

4. **Mantenimento di una pelle sana**: La vitamina C presente nei frutti contribuisce alla formazione di collagene, una proteina essenziale per la pelle. Inoltre, molti frutti contengono antiossidanti che possono proteggere la pelle dai danni dei radicali liberi.

5. **Salute degli occhi**: Alcuni frutti, in particolare quelli ricchi di carotenoidi come la luteina e la zeaxantina (pensiamo a frutti come il kiwi o il mais), possono aiutare a proteggere gli occhi dai danni della luce UV e ridurre il rischio di patologie come la degenerazione maculare legata all'età.

6. **Idratazione**: Molti frutti, come angurie e cetrioli, contengono una grande quantità di acqua. Consumarli può contribuire ad assicurare un'adeguata idratazione, essenziale per tutte le funzioni corporee.

7. **Supporto al controllo del peso**: Grazie al loro contenuto di fibra e acqua, i frutti possono aiutare a sentirsi sazi con meno calorie, facilitando la gestione del peso.

8. Miglioramento dell'umore e delle funzioni cognitive: Alcuni studi suggeriscono che i composti fitochimici presenti nei frutti possono avere effetti benefici sulle funzioni cerebrali e sull'umore.

È importante sottolineare che, mentre il consumo di frutta offre numerosi benefici, una dieta esclusivamente fruttariana può presentare delle sfide e potenziali carenze nutrizionali. È essenziale informarsi e, se possibile, consultare un professionista della nutrizione per garantire che si stia ottenendo un'ampia gamma di nutrienti.

Benefici per l'ambiente

Il fruttarianismo non è solo una scelta alimentare che può influenzare la nostra salute, ma ha anche delle ripercussioni sull'ambiente circostante. Esploriamo come una dieta basata principalmente sui frutti possa avere un impatto positivo sul nostro pianeta.

1. **Riduzione dell'uso della terra**: La produzione di frutta, in generale, richiede meno terra rispetto all'allevamento di animali. Quando scegliamo di consumare più frutti e meno carne, contribuiamo a ridurre la pressione sulle risorse terrestri.

2. **Minore consumo d'acqua**: Anche se la coltivazione della frutta richiede acqua, la produzione di carne e altri prodotti di origine animale tende a richiedere molte più risorse idriche. Pertanto, una dieta fruttariana può contribuire a un minor consumo complessivo d'acqua.

3. **Riduzione delle emissioni di gas serra**: L'allevamento di animali, in particolare di bovini, produce una notevole

quantità di metano, un potente gas serra. Riducendo il consumo di prodotti di origine animale, si possono diminuire le emissioni associate alla propria dieta.

4. **Meno inquinamento**: La produzione di carne può portare a vari tipi di inquinamento, compreso quello delle acque a causa degli scarti animali e dei prodotti chimici utilizzati negli allevamenti. Concentrandosi sui frutti, si può contribuire a ridurre questo tipo di impatto ambientale.

5. **Sostegno alla biodiversità**: Molti ecosistemi vengono convertiti in terreni agricoli o pascoli per l'allevamento. Scegliendo di consumare frutta, si può aiutare a ridurre la domanda di tali trasformazioni e, quindi, proteggere habitat e biodiversità.

6. **Riduzione degli sprechi**: La frutta, se consumata fresca e nella sua interezza, genera meno rifiuti rispetto a molti altri alimenti. Inoltre, gli scarti della frutta, come le bucce, possono essere compostati, riducendo ulteriormente l'impronta ecologica.

7. **Minore uso di antibiotici**: Nell'allevamento intensivo, gli antibiotici vengono spesso utilizzati in grandi quantità, portando a preoccupazioni riguardo alla resistenza agli antibiotici. Essendo i frutti privi di tale problematica, una dieta fruttariana elimina questa preoccupazione.

8. **Sostegno alle economie locali**: Scegliendo di consumare frutta locale e di stagione, si può sostenere l'economia locale e ridurre le emissioni legate al trasporto di alimenti da lunghe distanze.

Tuttavia, è importante notare che anche la produzione di frutta può avere un impatto sull'ambiente, in particolare se proviene da agricoltura intensiva o se viene trasportata da lontano. Per massimizzare i benefici ambientali, è ideale optare per frutti biologici, locali e di stagione quando possibile.

Etica e animalismo

La dieta e le scelte alimentari di una persona non sono solo una questione di salute o di impatto ambientale; sono spesso anche un riflesso dei valori etici e morali di un individuo. La scelta di seguire una dieta fruttariana, in molti casi, nasce da una profonda riflessione sul rapporto tra umani e animali e sul rispetto per tutte le forme di vita.

1. **Il valore intrinseco degli animali**: Gli animali non sono solo risorse a disposizione dell'umanità. Sono esseri senzienti, capaci di provare dolore, gioia, paura e una serie di altre emozioni. Molte persone adottano una dieta fruttariana come un'estensione del loro rifiuto di causare sofferenza o morte agli animali per scopi alimentari.

2. **L'industria della produzione animale**: Molte delle pratiche standard nell'industria della produzione animale sono state criticate per la loro crudeltà. Gli allevamenti intensivi, in particolare, sono spesso associati a condizioni di vita precarie per gli animali, trattamenti inumani e morte precoce. La scelta fruttariana, in questo contesto, può essere vista come un rifiuto di sostenere tali pratiche.

3. **Consumo sostenibile**: Dal punto di vista fruttariano, consumare frutti, che sono essenzialmente i doni riproduttivi delle piante, rispetta il ciclo naturale della vita. Invece di uccidere una pianta o un animale, si consuma ciò che la pianta offre volontariamente.

4. **Riflessione sulla vita e sulla morte**: Molti fruttariani ritengono che sia possibile nutrirsi senza causare la morte o la sofferenza di altri esseri viventi. Questa visione può portare a una profonda riflessione sull'importanza e sul valore della vita in tutte le sue forme.

5. **Connessione con la natura**: Abbracciare una dieta basata sui frutti può anche portare a un senso di maggiore connessione con la natura. Mangiando direttamente dal regno vegetale, molti fruttariani sentono di avvicinarsi alla terra e ai suoi ritmi naturali.

6. **Oltre l'alimentazione**: L'etica del fruttarianismo non si limita al cibo. Spesso, chi adotta questa dieta è anche incline a riflettere sul proprio impatto in altre aree, come il consumo di vestiti, prodotti e intrattenimenti. Questo può

tradursi in scelte consapevoli, come evitare prodotti testati sugli animali o abbigliamento di origine animale.

7. **Una chiamata all'azione**: Adottare una dieta fruttariana può essere visto non solo come una scelta personale, ma anche come un modo per influenzare gli altri e promuovere un cambiamento positivo nella società. Attraverso la condivisione e l'educazione, i fruttariani spesso cercano di sensibilizzare le persone sui temi dell'etica animale.

CAPITOLO 4

Sfide e considerazioni sulla dieta fruttariana

Carenze nutrizionali potenziali

Mentre la dieta fruttariana offre numerosi benefici, come qualsiasi altro regime alimentare, presenta delle sfide. Una delle principali preoccupazioni riguarda la possibilità di carenze nutrizionali. Vediamo quali sono le più comuni e come affrontarle.

1. **Proteine**: I frutti contengono proteine, ma non in quantità abbondanti come in altri alimenti. Per assicurarsi un adeguato apporto proteico, è essenziale variare la tipologia di frutti consumati e integrare con frutta secca come noci e semi.

2. **Vitamina B12**: Questa vitamina è prevalentemente presente in alimenti di origine animale. I fruttariani, specialmente quelli che evitano del tutto prodotti animali, possono rischiare una carenza e potrebbero dover considerare un integratore di B12.

3. **Ferro**: Anche se la frutta contiene ferro, è di tipo non eme, che viene assorbito meno efficacemente dal corpo rispetto al ferro di origine animale. È importante bilanciare il

proprio apporto combinando frutti come uva passa e albicocche secche, che sono fonti decenti di ferro.

4. **Calcio**: La maggior parte della frutta ha un basso contenuto di calcio. Alcune varietà come le arance e i fichi possono aiutare, ma potrebbe essere necessario considerare integratori o fonti alternative.

5. **Acidi grassi essenziali**: Mentre alcuni frutti, come l'avocado, contengono grassi sani, possono mancare di alcuni acidi grassi essenziali come l'omega-3. Integrare con semi di lino o noci può aiutare a bilanciare questa potenziale carenza.

6. **Zinco**: Questo minerale è essenziale per la salute del sistema immunitario e per la guarigione delle ferite. I fruttariani possono avere bisogno di puntare su frutta secca e semi come fonti di zinco.

7. **Vitamina D**: Essendo principalmente disponibile attraverso l'esposizione al sole e alimenti di origine animale, i fruttariani, specialmente in aree con limitata luce solare, potrebbero dover considerare integratori di vitamina D.

8. **Iodio**: Questo minerale è fondamentale per la salute della tiroide. Essendo raro nella frutta, potrebbe essere necessario ricorrere a integratori o altre fonti.

È fondamentale sottolineare che con una pianificazione attenta e informata, molte di queste carenze possono essere prevenute o gestite. Collaborare con un nutrizionista o un medico può essere un modo eccellente per garantire che la propria dieta fruttariana sia equilibrata e nutriente. Infine, è sempre importante ascoltare il proprio corpo e fare controlli regolari per monitorare la propria salute.

Aspetti psicologici e sociali

La scelta di adottare una dieta fruttariana può influenzare non solo il corpo, ma anche la mente e le relazioni sociali. Gli aspetti psicologici e sociali del fruttarianismo sono complessi e variano da individuo a individuo, ma ci sono alcuni temi comuni che meritano una riflessione approfondita.

1. **Identità e autopercezione**: La scelta alimentare può diventare parte dell'identità di un individuo. Il fruttarianismo, in particolare, può rafforzare un senso di differenziazione dagli altri e un senso di appartenenza a una comunità o a un movimento. Questo può portare a una maggiore fiducia in se stessi, ma anche a possibili conflitti interiori quando si affrontano tentazioni o pressioni esterne.

2. **Isolamento sociale**: In una società in cui la dieta onnivora è la norma, scegliere un regime alimentare così specifico può talvolta portare a sentirsi isolati o incompresi. Eventi sociali come cene fuori o feste possono diventare più complessi da gestire.

3. **Supporto e comunità**: Trovare una comunità di persone con valori e scelte simili può essere fondamentale. Gruppi di supporto, forum online e eventi dedicati possono offrire un senso di appartenenza e consigli pratici su come navigare le sfide quotidiane.

4. **Gestione della critica**: Essere fruttariani può attirare critiche, domande o preoccupazioni da parte di amici, familiari o colleghi. È essenziale sviluppare strategie per affrontare questi commenti in modo costruttivo, mantenendo apertura e comprensione.

5. **Benefici psicologici**: Molti fruttariani riferiscono di sentirsi più leggeri, energici e mentalmente chiari. Questo senso di benessere può essere un potente motore per mantenere la dieta nel tempo.

6. **Relazione con il cibo**: Scegliere consapevolmente ciò che si mangia può portare a una connessione più profonda e gratificante con il cibo. Tuttavia, è importante evitare che questa consapevolezza diventi ossessiva o limitante.

7. **Ascolto del corpo**: Mentre la dieta fruttariana ha molti sostenitori entusiasti, è essenziale ascoltare il proprio corpo e riconoscere eventuali segnali di disagio o carenze. La flessibilità e la capacità di adattamento sono cruciali per garantire sia il benessere fisico che quello psicologico.

Come evitare trappole comuni

L'adozione della dieta fruttariana è un percorso affascinante, ma come ogni scelta alimentare, presenta delle sfide specifiche. Molti aspiranti fruttariani inciampano in alcune trappole comuni. Questo sotto capitolo intende offrire una guida su come riconoscere ed evitare questi ostacoli.

1. **Mono-dieta**: Mentre alcuni frutti possono essere particolarmente appetitosi o facili da trovare, affidarsi esclusivamente o prevalentemente a un tipo di frutto può portare a carenze nutrizionali. La varietà è essenziale, sia per garantire un ampio spettro di nutrienti sia per evitare di stancarsi.

2. **Eccesso di zuccheri**: Anche se gli zuccheri dei frutti sono naturali, consumarli in eccesso può avere effetti negativi sulla salute, come picchi glicemici. È importante bilanciare il consumo di frutti ad alto contenuto di zucchero con quelli a basso contenuto glicemico.

3. **Trascurare la sazietà**: I frutti sono generalmente meno sazianti rispetto ad altri alimenti. È cruciale ascoltare il

proprio corpo e mangiare fino a sentirsi sazi, integrando con frutta secca e semi quando necessario per un senso di pienezza prolungato.

4. **Credere che tutti i frutti siano uguali**: Non tutti i frutti sono creati allo stesso modo. Mentre alcune varietà sono ricche di vitamine e minerali, altre possono offrire meno dal punto di vista nutrizionale. Ricerche e pianificazione sono fondamentali.

5. **Non prepararsi per eventi sociali**: Essere fruttariani può complicare partecipazioni a cene, feste o eventi. Pianificare in anticipo, portare con sé spuntini o pasti fruttariani e comunicare le proprie esigenze agli ospiti può aiutare a navigare in queste situazioni.

6. **Non informarsi**: Mancare di informazione può portare a carenze o a scelte non ottimali. È essenziale informarsi, leggere, consultare esperti e, se possibile, lavorare con un nutrizionista per garantire una dieta equilibrata.

7. **Trascurare la qualità**: Non tutti i frutti sono coltivati allo stesso modo. Dare la preferenza a frutti biologici, locali e di stagione può fare una grande differenza in termini di qualità nutrizionale e impatto ambientale.

8. **Rinunciare troppo presto**: Come per qualsiasi cambiamento significativo nella dieta, può esserci un periodo di adattamento. Sperimentare affaticamento o altri piccoli disturbi all'inizio è comune. È importante dare al corpo il tempo di adattarsi e apportare modifiche se necessario.

Ricordare che la chiave del successo con la dieta fruttariana, come con qualsiasi altra dieta, è l'equilibrio, l'informazione e l'ascolto del proprio corpo.

CAPITOLO 5
Transizione verso una dieta Fruttariana

Passi pratica per adottare la dieta fruttariana.

Come Iniziare.

Decidere di adottare una dieta fruttariana è un passo coraggioso che può aprire la porta a numerosi benefici per la salute, per l'ambiente e per il benessere generale. Ma come si fa a iniziare? Questo sotto capitolo offre una guida passo-passo per intraprendere questo percorso con sicurezza e consapevolezza.

1. **Ricerca e informazione**: Prima di fare qualsiasi cambiamento drastico nella tua dieta, è essenziale informarsi. Leggi libri, articoli, ascolta esperienze di chi ha già adottato questa dieta e considera la consultazione con un nutrizionista esperto in diete a base vegetale.

2. **Valutazione personale**: Chiediti perché vuoi diventare fruttariano. È per motivi di salute, ambientali, etici o una combinazione di questi? Avere chiari i tuoi motivi ti aiuterà a rimanere motivato e focalizzato.

3. **Pianificazione graduale**: Invece di saltare direttamente in una dieta completamente fruttariana, potresti considerare

una transizione graduale. Inizia aumentando la quantità di frutti nella tua dieta quotidiana mentre riduci gradualmente altri alimenti.

4. **Acquisto intelligente**: Familiarizza con i mercati locali, i negozi biologici e le fonti di frutta di stagione nella tua zona. Comprare in grandi quantità e conservare può aiutarti a risparmiare e garantirti una fornitura costante di frutta fresca.

5. **Ascolta il tuo corpo**: Osserva come reagisce al cambiamento. Ti senti energico? Soddisfatto dopo i pasti? O hai frequentemente fame? Usa queste osservazioni per apportare regolazioni nella tua dieta.

6. **Integrazione e bilanciamento**: Assicurati di includere una varietà di frutti per ottenere un ampio spettro di nutrienti. Considera l'aggiunta di frutta secca, semi e verdure crude, se lo desideri, per un bilanciamento nutrizionale.

7. **Rete di supporto**: Condividi la tua decisione con amici e familiari. Unirti a gruppi o comunità online di fruttariani può offrirti sostegno, consigli e ricette.

8. **Rivalutazione periodica**: Dopo alcune settimane o mesi, valuta i tuoi progressi. Come ti senti? Ci sono carenze che devi affrontare? Potresti anche considerare test e analisi per assicurarti che tutto vada bene dal punto di vista della salute.

9. **Gestione delle sfide**: Ci saranno momenti di tentazione o pressione sociale. Avere un piano su come gestire questi momenti ti aiuterà a rimanere fedele alla tua scelta.

10. **Celebra i piccoli successi**: Ogni giorno che scegli di seguire una dieta fruttariana è un successo. Festeggia i tuoi progressi e goditi il viaggio.

Iniziare con la dieta fruttariana può sembrare un compito arduo, ma con una preparazione adeguata e un impegno genuino, è un percorso che può portare a una vita più salutare e armoniosa.

Ricorda, il viaggio di mille miglia inizia con un singolo passo. E tu hai appena fatto il primo!

Gradualità e Adattamento

Ogni cambiamento significativo nella nostra vita, specialmente quando riguarda le abitudini alimentari, può rappresentare una sfida. Passare a una dieta fruttariana non è un'eccezione. La gradualità e la capacità di adattamento sono due principi fondamentali per assicurarsi che questo passaggio avvenga in modo equilibrato, riducendo lo stress fisico e mentale e incrementando le possibilità di successo a lungo termine.

1. **Perché la gradualità è chiave**: Passare da una dieta tradizionale a una fruttariana potrebbe essere uno shock per il sistema digestivo e metabolico. Introdurre i frutti gradualmente permette al corpo di adattarsi ai nuovi livelli di zuccheri, fibre e altri componenti nutrizionali.

2. **Primi passi**: Inizia inserendo un pasto fruttariano al giorno, magari la colazione, dato che molte persone già iniziano la giornata con della frutta. Una volta che ti senti a tuo agio, puoi estendere questo regime anche agli altri pasti.

3. **Ascolta il tuo corpo**: Durante questa fase di transizione, potresti notare cambiamenti nella digestione, livelli di energia e stato d'animo. Se senti disagio, rallenta un po' e dà al tuo corpo più tempo per adattarsi.

4. **Gestione delle carenze**: Se elimini gradualmente altri alimenti dalla tua dieta, è essenziale garantire di non creare carenze nutrizionali. Monitora la tua salute e considera di fare analisi del sangue periodicamente.

5. **Adattamento mentale ed emotivo**: Non è solo il tuo corpo che deve adattarsi; anche la tua mente potrebbe avere bisogno di tempo. Rinunciare a determinati cibi può creare una sensazione di perdita o nostalgia. Riconosci questi sentimenti e trova modi per affrontarli.

6. **Definisci il tuo ritmo**: Non tutti si adattano al cambiamento allo stesso modo. Alcune persone potrebbero sentirsi pronte a diventare fruttariane in poche settimane, mentre altre potrebbero aver bisogno di mesi. Va bene in entrambi i casi.

7. **Rituali e abitudini**: Creare nuove abitudini può aiutare nella transizione. Trova dei rituali che ti piacciono, come preparare frullati al mattino o goderti un'insalata di frutta al tramonto.

8. **Supporto sociale**: Condividere il tuo percorso con gli altri può rendere la transizione meno solitaria. Trova gruppi o amici con interessi simili per condividere esperienze e consigli.

9. **Rivalutazione periodica**: Dopo alcuni mesi, fermati e valuta come ti senti. C'è qualcosa che desideri reintrodurre nella tua dieta? Oppure sei pronto a compiere ulteriori passi verso il fruttarianismo completo?

10. **Flessibilità**: Ricorda che la dieta fruttariana è uno strumento per migliorare la tua salute e il tuo benessere. Se trovi che certi aspetti non funzionano per te, adatta e modifica. L'obiettivo è trovare ciò che ti fa sentire al meglio.

Adottare la dieta fruttariana con gradualità e dando importanza all'adattamento può rendere l'intero processo più piacevole e sostenibile. Ricorda che il viaggio è altrettanto importante, se non di più, della destinazione.

Sostituzioni e Alternative

Quando si adotta un nuovo stile alimentare come la dieta fruttariana, è naturale sentirsi a tratti sopraffatti dalle limitazioni apparenti. Tuttavia, grazie a una miriade di sostituzioni e alternative, è possibile assaporare una gamma vasta e deliziosa di piatti senza rinunciare alla varietà o ai sapori. Questo sotto capitolo mira a guidarti attraverso alcune delle sostituzioni più comuni che possono rendere la tua transizione al fruttarianismo più semplice e soddisfacente.

1. **Spuntini salati**: Se senti la mancanza di snack croccanti e salati come patatine o cracker, prova ad optare per noci e semi, come mandorle, nocciole o semi di zucca leggermente salati.

2. **Dolcificanti**: Invece di zucchero raffinato o dolcificanti artificiali, puoi utilizzare datteri, fichi o albicocche secche come dolcificanti naturali nei tuoi piatti.

3. **Creme e yogurt**: Il latte di mandorle o di cocco può essere trasformato in creme o yogurt fruttariani. Aggiungi un po' di vaniglia o frutta fresca per aromatizzare.

4. **Gelati**: I frutti congelati, specialmente le banane, possono essere frullati per creare una versione fruttariana del gelato, sana e rinfrescante.

5. **Cereali e granola**: Anche se molti cereali tradizionali potrebbero non essere compatibili con una dieta fruttariana, puoi preparare la tua granola fruttariana utilizzando noci, semi e frutti secchi.

6. **Bevande**: Molti fruttariani evitano caffeina e alcool. Come alternativa, puoi optare per tisane, acqua aromatizzata con fette di frutta fresca o frullati di frutta.

7. **Pasti sostanziosi**: Se desideri un pasto che ti sazi come una tradizionale cena, puoi creare insalate abbondanti utilizzando frutta come avocado, noci e semi, oltre a una varietà di frutti di stagione.

8. **Dolci e dessert**: Ci sono innumerevoli modi per preparare dolci fruttariani. Torte crude, mousse di frutta e "barrette energetiche" fatte in casa sono solo alcune delle deliziose opzioni a tua disposizione.

9. **Pane e crackers**: Anche se molti fruttariani evitano i cereali, esistono varianti di pane e cracker fatti con noci, semi e frutta secca, ideali per accompagnare le tue insalate o spalmare le tue creme.

10. **Condimenti**: Dimentica maionese, salse e condimenti tradizionali. Sperimenta con puree di frutta come mango o papaya, o crea delle salse utilizzando avocado, limone e spezie per dare sapore ai tuoi piatti.

CAPITOLO 6
Esempi di Menu e Ricette Fruttariane

Pianificare i Pasti Fruttariani

Colazioni, Pranzi, Cene

Adottare uno stile alimentare fruttariano può sembrare limitante all'inizio, ma una volta che inizi a sperimentare e ad abbracciare la varietà di frutti disponibili, scoprirai che ogni pasto può essere altrettanto soddisfacente e delizioso come qualsiasi altro. Questo sotto capitolo ti guiderà attraverso alcune idee per colazioni, pranzi e cene fruttariane, aiutandoti a pianificare giornate equilibrate e nutrienti.

- **Colazioni**:
1. **Frullato tropicale**: Un mix di mango, papaya, banana e latte di cocco. Questo frullato è energizzante e ti farà iniziare la giornata con una nota esotica.
2. **Bowl di frutta fresca**: Una selezione di frutta di stagione, come fragole, lamponi, melone e kiwi. Puoi guarnire con semi di chia o noci tritate per un tocco croccante.
3. **Yogurt di mandorla con frutti rossi**: Prepara un yogurt cremoso a base di mandorle e aggiungi mirtilli, more e ribes. Guarnisci con un po' di miele crudo o datteri tritati.

- **Pranzi:**
1. **Insalata di frutta sostanziosa**: Mescola avocado, pomodoro, cetriolo, mango e ananas. Condisci con succo di limone, coriandolo e un pizzico di sale.

2. **Wrap di lattuga con ripieno fruttato**: Usa grandi foglie di lattuga come base e riempile con strisce di papaya, pezzi di cocco, semi di zucca e un condimento a base di purea di avocado.

3. **Zuppa fredda di melone e menta**: Frulla il melone con un po' d'acqua, menta fresca e semi di lino per una zuppa rinfrescante e nutriente.

- **Cene:**
1. **Spaghetti di zucca con salsa di mango**: Usa un spiralizzatore per creare "spaghetti" di zucca e condiscili con una salsa fatta di mango frullato, peperoncino, coriandolo e succo di lime.

2. **Insalata di agrumi e noci**: Unisce arance, pompelmi e mandarini in una ciotola. Aggiungi noci tostate, semi di zucca e condisci con succo di limone e un pizzico di sale.

3. **Dessert**: Mousse di cacao e avocado. Frulla avocado maturo, cacao in polvere, datteri e vaniglia per creare una crema dolce e ricca simile a un budino al cioccolato.

Il segreto di una dieta fruttariana ben equilibrata sta nella varietà. Sperimenta con diverse combinazioni e scopri quali frutti e accompagnamenti ti piacciono di più. E ricorda, i frutti sono naturalmente dolci, croccanti, succosi e deliziosi, quindi non aver paura di lasciarti andare e goditi ogni pasto.

Snack e Dessert

La tentazione degli snack e dei dessert è un sentimento universale, e chi ha detto che i fruttariani devono fare a meno di questi piccoli piaceri? Anche seguendo una dieta basata sui frutti, ci sono moltissime opzioni per gustare snack sani e dessert deliziosi. In questo sotto capitolo, esploreremo alcune idee golose che si adattano perfettamente alla filosofia fruttariana.

- **Snack:**
1. **Barrette energetiche ai datteri**: Combina datteri, noci, semi di chia e cocco grattugiato in un mixer fino a ottenere un composto omogeneo. Modella delle barrette e conserva in frigo.
2. **Bocconcini di banana al cioccolato**: Immergi fette di banana nel cioccolato fondente (senza lattosio) e congela. Un modo rinfrescante per gustare un dolcetto.
3. **Frutta secca speziata**: Mescola mandorle, nocciole e noci con spezie come cannella, noce moscata e una spruzzata di sale. Tosta in forno per uno snack croccante.

4. **Mousse di mango**: Frulla mango maturo con un po' di latte di cocco per un dessert leggero e tropicale.

- **Dessert**:
1. **Gelato di frutta congelata**: Frulla banane congelate con frutti a tua scelta, come lamponi, mirtilli o fragole, per ottenere un "gelato" cremoso senza latticini.

2. **Torta cruda ai frutti**: Usa una base di noci e datteri pressati in una teglia e aggiungi uno strato di purea di frutta come fragole o mango. Congela e servi freddo.

3. **Caramelle gelatinose ai frutti**: Combina purea di frutta (come fragole o mele) con agar agar, zucchero di cocco e un pizzico di sale. Riscalda fino a far addensare e versa in stampini. Lascia raffreddare in frigo per ottenere caramelle gelatinose.

4. **Pudding di semi di chia al cacao**: Mescola semi di chia, latte di cocco, cacao in polvere e datteri tritati. Lascia riposare in frigo per alcune ore e goditi un dessert ricco e nutriente.

Gli snack e i dessert fruttariani sono un modo eccellente per godersi i sapori naturali e dolci della frutta, integrati con la croccantezza delle noci e la cremosità di alternative ai latticini. Con un po' di creatività, potrai goderti le delizie dolci senza rinunciare alla salute e all'etica della tua dieta.

Ricette Internazionali

La bellezza della cucina fruttariana risiede non solo nella sua semplicità, ma anche nella sua versatilità. Con una vasta gamma di frutti disponibili provenienti da tutto il mondo, possiamo esplorare sapori esotici e tradizioni culinarie diverse pur rimanendo fedeli ai principi fruttariani. In questo sotto capitolo, viaggeremo virtualmente attraverso diverse cucine internazionali, scoprendo come incorporare l'essenza di ciascuna cultura in deliziose ricette fruttariane.

1. **Thailandese - "Som Tam" di frutta:**

- Tradizionalmente, il Som Tam è un'insalata di papaya verde. Nella nostra versione, useremo papaya, mango e ananas tagliati a julienne.

- Condimento: pestare peperoncini, aglio, zucchero di cocco e sale. Aggiungi succo di lime fresco e mescola con la frutta.
- Guarnisci con noci tostate.

2. **Messicana - "Ceviche" di frutta**:
- Normalmente il ceviche è preparato con pesce, ma la nostra versione utilizzerà pezzi di kiwi, melone, cocco e mango.
- Condimento: succo di lime, sale e peperoncino tritato.
- Servi freddo, guarnito con foglie di coriandolo.

3. **Indiana - "Chaat" di frutta**:
- Questo è un piatto da strada speziato e pungente. Combiniamo frutta come melagrana, ananas e banana.
- Condimento: polvere di chaat, sale nero, peperoncino in polvere e succo di lime.
- Cospargi con coriandolo tritato.

4. **Mediterranea - Insalata di agrumi con finocchi**:
- Fette sottili di arance, pompelmi e mandarini combinate con finocchio affettato sottile.
- Condimento: una vinaigrette leggera fatta con olio d'oliva, succo di limone, sale e pepe.
- Guarnisci con menta fresca.

5. Africana - **Frutta al curry**:

- Un mix di frutta come ananas, mango e mele cotti leggermente in una miscela di curry in polvere, cumino, coriandolo e latte di cocco.
- Servi caldo, guarnito con noci tostate.

Queste ricette sono ispirate dalle tradizioni culinarie di tutto il mondo, ma con un tocco fruttariano. Rappresentano l'idea che il cibo possa essere un ponte tra le culture, un modo per esplorare e celebrare la diversità attraverso sapori e ingredienti familiari e nuovi.

CAPITOLO 7
Ottimizzare la Dieta Fruttariana

Scegliere Frutti di Stagione e Locali

Il fascino di un mondo globalizzato ci ha abituati alla disponibilità di frutti esotici tutto l'anno, indipendentemente dalla stagione o dalla regione in cui viviamo. Tuttavia, scegliere frutti di stagione e locali non solo garantisce una freschezza e un sapore ottimali, ma sostiene anche l'ambiente e l'economia locale. In questo sotto capitolo, scopriremo l'importanza di queste scelte consapevoli e come possono arricchire la tua esperienza fruttariana.

1. **La freschezza prima di tutto**:
   Quando si sceglie la frutta di stagione, si sta effettivamente optando per prodotti al picco della loro maturazione. Questo significa che avranno un sapore più intenso e un profilo nutrizionale ottimale. La frutta fuori stagione, al contrario, potrebbe essere stata raccolta prematuramente e maturata artificialmente, compromettendo sapore e valore nutrizionale.

2. **Riduzione dell'impatto ambientale**:
   Scegliendo frutti locali, si riduce la necessità di trasporto su lunghe distanze, che è una delle principali cause delle emissioni di gas serra. Inoltre, i frutti locali richiedono

spesso meno imballaggi e conservanti rispetto a quelli importati.

3. **Sostegno all'economia locale**:
   Acquistando frutta da produttori locali, si contribuisce direttamente al benessere della comunità. Questo sostegno può aiutare i piccoli agricoltori a mantenere pratiche sostenibili e a offrire prodotti di alta qualità.

4. **Esplorazione di varietà uniche**:
   Ogni regione ha varietà di frutta uniche che potrebbero non essere disponibili altrove. Scegliere frutti locali ti offre l'opportunità di scoprire e gustare queste gemme nascoste.

5. **Prezzo e accessibilità**:
   La frutta di stagione tende ad essere più abbondante e quindi spesso ha un prezzo più conveniente rispetto a quella importata o fuori stagione.

- **Come fare scelte consapevoli:**
- **Consultare un calendario stagionale**: Molti siti web e app offrono calendari di stagionalità specifici per regione,

aiutandoti a identificare quali frutti sono attualmente in stagione.

- **Visitare mercati degli agricoltori**: Questi mercati sono un'ottima opportunità per acquistare direttamente dai produttori locali e ottenere frutta fresca e di stagione.
- **Coltivare la tua frutta**: Se hai lo spazio e le risorse, considera l'idea di coltivare alcuni dei tuoi frutti. Non solo ti garantirà un approvvigionamento fresco, ma ti darà anche una nuova prospettiva sulla dieta fruttariana. Mentre l'abbondanza di frutti esotici nelle nostre dispense può sembrare allettante, c'è un'ineguagliabile soddisfazione nel gustare una mela croccante appena raccolta da un albero locale o una fragola matura al punto giusto, colta direttamente dalla pianta. Scegliendo con consapevolezza, non solo fai un favore a te stesso e alla tua salute, ma contribuisci anche a un futuro più sostenibile per il nostro pianeta.

Frutta Biologica vs. Tradizionale

Nel mondo della frutta e delle verdure, una delle distinzioni più discusse è tra i prodotti biologici e quelli tradizionali. Mentre alcuni elogiano i benefici dei prodotti biologici, altri sostengono che le differenze sono minime e non giustificano il costo aggiuntivo. Ma cosa significa veramente quando una frutta è etichettata come "biologica"? E quali sono le reali differenze? In questo sotto capitolo, ci addentreremo in queste questioni per aiutarti a fare scelte informate.

1. **Cosa significa "biologico"?**

   Il termine "biologico" si riferisce a come vengono coltivati gli alimenti. La frutta biologica è coltivata senza l'uso di pesticidi sintetici, erbicidi, fertilizzanti chimici, OGM (organismi geneticamente modificati) e altri additivi artificiali. Invece, i produttori biologici utilizzano tecniche come la rotazione delle colture, il compost e il controllo biologico dei parassiti per mantenere la salute del suolo e delle piante.

2. **Benefici per la salute**:

Meno residui chimici: La frutta biologica tende ad avere meno residui di pesticidi rispetto alla frutta tradizionale. Anche se i residui presenti sulla frutta convenzionale sono generalmente al di sotto dei livelli di sicurezza stabiliti, molte persone scelgono il biologico per ridurre ulteriormente l'esposizione.

3. **Profilo nutrizionale**: Alcune ricerche suggeriscono che la frutta biologica potrebbe avere livelli leggermente più alti di alcuni nutrienti, come gli antiossidanti. Tuttavia, il dibattito è ancora aperto, e la differenza nutrizionale potrebbe non essere significativa per influenzare la decisione di consumo.

4. **Impatto ambientale**:
La coltivazione biologica, essendo priva di pesticidi sintetici e fertilizzanti chimici, tende ad avere un impatto ambientale più basso. Protegge la biodiversità, riduce l'inquinamento dell'acqua e del suolo e promuove la salute del suolo.

5. **Sapore e qualità**:

Molti sostenitori del biologico affermano che ha un sapore migliore. Questo potrebbe essere dovuto al fatto che le piante biologiche spesso crescono a un ritmo più lento e in suolo ricco, il che potrebbe influenzare positivamente il sapore.

6. **Costo**:

   Generalmente, la frutta biologica è più costosa rispetto alla sua controparte tradizionale. Questo può essere dovuto a una maggiore manodopera, ai costi di certificazione e a rese inferiori.

- **Come fare una scelta informata**:
- Informarsi: Leggi sulle pratiche agricole della tua regione e su quali pesticidi vengono comunemente utilizzati.
- Lavare sempre la frutta: Che tu scelga frutta biologica o tradizionale, lavarla riduce i residui e le impurità.
- Considera la tua economia: Se il budget è una preoccupazione, potresti voler acquistare biologico solo per quei frutti che tendono ad avere più residui di pesticidi, come le mele o le fragole.

La decisione tra biologico e tradizionale dipende da una combinazione di fattori personali, tra cui preoccupazioni per la salute, l'ambiente, il gusto e il budget. La cosa più importante è essere informati e fare scelte che riflettano le tue priorità e valori.

Conservazione e Maturazione

Mangiare frutta fresca è una delle gioie della dieta fruttariana, ma conservare correttamente la frutta e comprenderne la maturazione è fondamentale per godere appieno dei suoi benefici. La conservazione inadeguata o il consumo di frutti non completamente maturi può influire negativamente sul sapore, sulla consistenza e sul valore nutrizionale. In questo sotto capitolo, esploreremo le migliori pratiche per conservare e maturare i tuoi frutti preferiti.

1. **Comprendere la maturazione**:
   La maturazione è un processo naturale attraverso cui la frutta diventa più dolce, meno acida, e cambia in consistenza e colore. Questo processo è innescato da ormoni vegetali e può essere influenzato da vari fattori come la temperatura, l'umidità e la presenza di gas come l'etilene.

2. **Frutta climaterica vs. non climaterica**:
- **Frutta climaterica**: Sono frutti che continuano a maturare dopo essere stati raccolti. Esempi includono mele, banane, pere, avocado e pomodori. Questi frutti rilasciano etilene, un gas che accelera la maturazione.
- **Frutta non climaterica**: Questi frutti non maturano significativamente dopo la raccolta. Esempi sono uva, fragole e agrumi. È importante acquistarli quando sono già maturi.

3. **Conservazione e maturazione**:
- **A temperatura ambiente**: Frutti come banane, pomodori, avocado e pere possono essere conservati a temperatura ambiente fino a quando non raggiungono il grado di maturazione desiderato.
- **In frigorifero**: Una volta maturati, la maggior parte dei frutti può essere conservata in frigorifero per rallentare ulteriormente la maturazione e prolungare la freschezza. Tuttavia, alcuni frutti come le banane e i pomodori non dovrebbero mai essere refrigerati poiché possono diventare insipidi o acquistare una consistenza gommosa.
- **Uso di sacchetti di carta**: Per accelerare la maturazione, puoi conservare la frutta in un sacchetto di carta a

temperatura ambiente. Il sacchetto tratterrà l'etilene, accelerando il processo.

4. **Evitare la decomposizione e il deterioramento**:
- **Separare frutti climaterici e non climaterici**: Poiché la frutta climaterica rilascia etilene, può causare una maturazione e decomposizione più rapide dei frutti non climaterici se conservati insieme.
- **Verificare regolarmente**: Ispeziona regolarmente la tua frutta e rimuovi qualsiasi pezzo che mostra segni di decomposizione per prevenire la diffusione a frutti vicini.
- **Umidità e ventilazione**: La maggior parte della frutta richiede una certa ventilazione durante la conservazione. Tuttavia, la conservazione in un ambiente troppo umido può favorire la crescita di muffe.

La comprensione della maturazione e della conservazione della frutta è essenziale per chi segue una dieta fruttariana. Assicurati di goderti ogni boccone di frutta nel suo picco di freschezza, sapore e valore nutrizionale. Attraverso pratiche adeguate, puoi massimizzare i benefici della tua dieta e ridurre lo spreco.

CAPITOLO 8
La Vita sociale come Fruttariano

Mangiare Fuori: Consigli e Strategie

Essere un fruttariano può sembrare una sfida quando si tratta di mangiare fuori. Molti ristoranti e caffetterie offrono opzioni vegetariane o vegane, ma le opzioni fruttariane possono essere meno comuni. Tuttavia, con una pianificazione adeguata e una mentalità aperta, è possibile mantenere uno stile di vita fruttariano anche quando si mangia fuori. In questo sotto capitolo, ti forniremo consigli e strategie per farlo con successo.

1. **Ricerca anticipata**:
   Prima di uscire, fai una ricerca online o chiama il ristorante per vedere se offrono opzioni fruttariane. Alcuni posti potrebbero avere un menu specifico o potrebbero essere disposti a personalizzare i piatti per soddisfare le tue esigenze.

2. **Scegliere posti amichevoli**:
   Ristoranti di insalate, frullaterie o locali che offrono frutta fresca e spremute possono essere scelte ovvie. Tuttavia, anche ristoranti etnici, come quelli tailandesi o mediterranei, potrebbero offrire piatti a base di frutta o potrebbero essere disposti a preparare piatti personalizzati.

3. **Comunicare chiaramente**:

Quando ordini, sii chiaro riguardo alle tue esigenze dietetiche. Molti camerieri e cuochi potrebbero non essere familiari con la dieta fruttariana; quindi, spiega cortesemente cosa può e cosa non può essere incluso nel tuo piatto.

4. **Porta con te degli snack**:
   Se non sei sicuro delle opzioni disponibili, porta con te uno snack o un frutto. Questo ti garantirà di avere sempre qualcosa da mangiare che si adatti al tuo regime alimentare.

5. **Flessibilità:**
   Se ti trovi in una situazione in cui le opzioni fruttariane sono limitate, sii flessibile. Se occasionalmente devi optare per una scelta che non è strettamente fruttariana ma è la migliore disponibile, non essere troppo severo con te stesso. Ricorda, è la coerenza nel tempo che conta, non le singole eccezioni.

6. **Gruppi e meetup**:
   Unisciti a gruppi o meetup locali di fruttariani. Questi gruppi spesso organizzano uscite in posti che sono amichevoli per i fruttariani, ed è anche un'ottima opportunità per scambiare consigli e trucchi con gli altri.

7. **Suggerisci opzioni fruttariane**:

   Se hai un ristorante preferito che visiti regolarmente, suggerisci loro di includere opzioni fruttariane nel menu. Mostrando interesse, potresti incoraggiare il ristorante a essere più inclusivo e a conoscere meglio questo stile di vita.

Condividere la Propria Scelta Alimentare

Decidere di adottare una dieta fruttariana è una scelta personale, spesso guidata da convinzioni etiche, di salute o ambientali. Ma come si fa a condividere questa scelta con amici, famiglia e colleghi? Parlare della propria dieta può essere una sfida, poiché spesso suscita curiosità, ammirazione ma anche, a volte, incomprensioni o pregiudizi. Questo sotto capitolo ti fornirà consigli su come condividere in modo efficace e rispettoso la tua scelta alimentare.

1. **Scegli il momento giusto**:
   Mentre potresti essere entusiasta della tua nuova scelta di vita, è importante condividerla nel momento giusto. Se ti trovi in un contesto informale, come una cena o un incontro con amici, potrebbe essere il momento adatto. Tuttavia, evita di portare il discorso in contesti non correlati o quando senti che potrebbe non essere ben ricevuto.

2. **Sii informato**:
   Prima di parlare della tua dieta, assicurati di essere ben informato sul fruttarianismo. Essere in grado di rispondere alle domande e di fornire informazioni precise aiuta a costruire fiducia e a chiarire eventuali dubbi o misconcezioni.

3. **Ascolta e rispetta le opinioni altrui**:
   Ricorda che tutti hanno diritto alla propria opinione. Anche se qualcuno non condivide o comprende la tua scelta, sii rispettoso e ascolta il suo punto di vista. Evita di diventare difensivo o di cercare di "convertire" gli altri.

4. **Condividi le tue esperienze personali**:
   Piuttosto che insistere su dati e fatti, condividi la tua esperienza personale. Racconta come ti senti da quando hai adottato questa dieta, quali benefici hai riscontrato e perché è importante per te.

5. **Sii preparato alle domande**:
   Spesso, le persone sono semplicemente curiose. Potrebbero chiederti perché hai scelto di diventare fruttariano, come fai a ottenere tutti i nutrienti necessari o se non ti mancano certi cibi. Avere risposte pronte e informate ti aiuterà a navigare in queste discussioni.

6. **Crea connessioni attraverso il cibo**:
   Una delle migliori maniere per condividere la tua scelta alimentare è attraverso il cibo stesso. Prepara un piatto

fruttariano delizioso e condividilo con gli altri. Lascia che il sapore parli da solo.

7. **Trova un equilibrio**:
   Mentre è naturale voler condividere una parte importante della tua vita, trova un equilibrio tra la condivisione e il rispetto degli spazi altrui. Non tutti saranno interessati o aperti alla tua scelta alimentare, e va bene così.

Condividere la tua scelta di vita fruttariana può arricchire le tue relazioni, fornire opportunità di apprendimento reciproco e, a volte, ispirare gli altri a riflettere sulle proprie scelte alimentari. Approccia ogni conversazione con un cuore aperto e una mente aperta, e troverai che molti saranno curiosi e solidali verso la tua decisione.

Partecipare a Comunità e Gruppi Fruttariani

Il fruttarianismo, come molte altre scelte di stile di vita, può a volte sentirsi isolante, soprattutto in un mondo dove le diete basate principalmente sulla frutta sono meno comuni. Tuttavia, con la crescente consapevolezza riguardo a stili di vita salutari e sostenibili, sono nate molte comunità e gruppi dedicati a condividere esperienze, ricette e supporto. In questo sotto capitolo, esploreremo come individuare e partecipare attivamente a queste comunità.

1. **Piattaforme Online**:
   Il digitale ha reso incredibilmente facile connettersi con persone con interessi simili da tutto il mondo. Siti come Facebook, Reddit e altre piattaforme ospitano gruppi e forum dedicati ai fruttariani. Questi luoghi offrono spesso una vasta gamma di risorse, dalla condivisione di ricette alla risposta a domande specifiche.
2. **Eventi e Raduni**:
   Molte città e località organizzano eventi o raduni fruttariani, come festival della frutta, workshop o ritiri. Questi eventi possono essere un'ottima opportunità per incontrare altri fruttariani, scambiare idee e trarre ispirazione.
3. **Workshop e Seminari**:

Oltre agli eventi sociali, potresti trovare workshop o seminari che approfondiscono aspetti specifici del fruttarianismo, come la nutrizione, la cucina o gli aspetti etici e ambientali.

4. **Supporto Locale**:
Anche se il fruttarianismo potrebbe non essere mainstream, è probabile che ci siano individui o piccoli gruppi nella tua zona che condividono la tua passione. Considera l'idea di avviare un gruppo di supporto locale o un club del libro fruttariano.

5. **Collabora e Condividi**:
Una volta che hai un po' di esperienza, potresti considerare l'idea di offrire il tuo aiuto o le tue competenze alla comunità. Questo potrebbe includere l'organizzazione di eventi, la condivisione di ricette sul tuo blog o persino l'offerta di consulenza a chi è nuovo al fruttarianismo.

6. **Rispetto e Apertura**:
Come in qualsiasi comunità, troverai una varietà di opinioni e approcci all'interno dei gruppi fruttariani. È

importante avvicinarsi agli altri con rispetto e apertura, riconoscendo che ognuno ha il suo percorso unico.

7. **Viaggi e Vacanze**:
   Considera l'idea di visitare luoghi famosi per le loro comunità fruttariane o per la loro abbondanza di frutta fresca. Questi viaggi possono arricchire la tua esperienza e offrirti la possibilità di imparare da culture diverse.

Partecipare a comunità e gruppi fruttariani può offrire un senso di appartenenza e supporto. Non solo avrai la possibilità di condividere e imparare, ma potrai anche contribuire a far crescere e fiorire la comunità fruttariana, rendendola una risorsa preziosa per gli attuali e futuri adepti di questo stile di vita.

Analisi Scientifica dei Benefici

Nel percorso verso una comprensione profonda di qualsiasi dieta o stile di vita, è essenziale guardare oltre le esperienze personali e esaminare le prove scientifiche. Anche se le testimonianze personali sono potenti, la scienza fornisce una base solida e oggettiva che può aiutarci a navigare attraverso le molte informazioni, spesso contrastanti, disponibili sull'alimentazione. In questo sotto capitolo, esploriamo le ricerche e gli studi che hanno indagato i benefici del fruttarianismo.

1. **Micronutrienti e Antiossidanti**: Una Miniera d'Oro
   Numerosi studi hanno dimostrato che la frutta è ricca di vitamine, minerali e antiossidanti essenziali per il nostro benessere. Questi composti aiutano a combattere i radicali liberi nel corpo, riducendo il rischio di molte malattie croniche, inclusi certi tipi di cancro e malattie cardiache.

2. **Fibra**: La Chiave per un Sistema Digestivo Salutare
   La fibra, abbondante nella frutta, è essenziale per mantenere il sistema digestivo in salute. Oltre a prevenire la stitichezza, la fibra ha dimostrato di ridurre il rischio di malattie come il cancro del colon e di aiutare nella regolazione della glicemia.

3. **Peso Corporeo e Metabolismo**

   Alcuni studi suggeriscono che una dieta ricca di frutta può aiutare nella gestione del peso. La frutta ha un basso contenuto calorico rispetto al suo volume, il che significa che sazia senza apportare molte calorie. Inoltre, certi frutti possono avere un effetto termogenico, aiutando a bruciare più calorie.

4. **Salute Cardiovascolare:** Un Cuore Forte e Salutare

   Diverse ricerche hanno collegato un elevato consumo di frutta a un ridotto rischio di malattie cardiache. Composti come il potassio, presenti nella frutta, aiutano a regolare la pressione sanguigna, mentre altri fitonutrienti aiutano a ridurre il colesterolo cattivo.

5. **Cognizione e Funzione Cerebrale**

   Alcuni antiossidanti presenti nella frutta, come i flavonoidi, sono stati associati a un miglioramento delle funzioni cognitive. Anche se la ricerca è ancora in corso, i dati preliminari suggeriscono un legame tra il consumo di frutta e una diminuzione del rischio di malattie neurodegenerative.

Mentre esaminiamo queste prove scientifiche, è essenziale ricordare che la maggior parte delle ricerche esaminate non si basa su una dieta esclusivamente fruttariana, ma piuttosto sull'inclusione di frutta come parte di una dieta equilibrata. Pertanto, mentre i benefici della frutta sono chiari, la scelta di adottare una dieta interamente fruttariana richiede ulteriori considerazioni e potenziali adattamenti.

Potenziali rischi e come mitigarli

Mentre il fruttarianismo offre diversi benefici potenziali, come con qualsiasi dieta, presenta anche alcuni rischi. Questi rischi sono spesso il risultato di carenze nutrizionali che possono insorgere se la dieta non viene attentamente pianificata e monitorata. In questo sotto capitolo, esploreremo i principali rischi associati al fruttarianismo e come questi possono essere efficacemente mitigati.

1. **Carenza di proteine**
   - **Rischio:** Una dieta esclusivamente fruttariana può non fornire una quantità adeguata di proteine, essenziali per la riparazione e la crescita dei tessuti.
   - **Mitigazione:** Optare per frutti ad alto contenuto proteico come avocado, guava e more. Integrare la dieta con semi e noci può fornire anche una fonte addizionale di proteine.

2. **Carenza di calcio e vitamina D**
   - **Rischio**: Essenziali per la salute delle ossa, questi nutrienti possono essere difficili da ottenere in una dieta fruttariana.

- **Mitigazione**: Esporsi al sole regolarmente per la vitamina D e considerare l'integrazione di calcio se necessario. Anche alcuni frutti come le arance possono fornire quantità moderate di calcio.

3. **Carenza di acidi grassi essenziali**
   - **Rischio**: I grassi sono essenziali per molte funzioni corporee, compreso il supporto cognitivo.
   - **Mitigazione**: Includere nella dieta frutti ricchi di grassi come avocado, cocco e olive. I semi, come i semi di chia e di lino, sono anche eccellenti fonti di acidi grassi essenziali.

4. **Eccesso di zuccheri.**
   - **Rischio**: Anche se lo zucchero presente nella frutta è naturale, un eccessivo apporto può avere effetti negativi sulla salute.
   - **Mitigazione**: Equilibrare l'assunzione di frutta ad alto contenuto di zucchero con frutti a basso indice glicemico. Monitorare regolarmente i livelli di zucchero nel sangue può anche aiutare a mantenere un equilibrio.

5. **Problemi dentali**

- **Rischio:** L'acido e lo zucchero presenti in molta frutta possono contribuire alla carie.
- **Mitigazione**: Mantenere una buona igiene orale, risciacquare la bocca con acqua dopo aver mangiato e fare regolari controlli dal dentista.

Ricordare che, come con qualsiasi scelta dietetica, la chiave del successo è la moderazione, l'equilibrio e l'informazione. Se stai considerando di adottare una dieta fruttariana, è essenziale fare ricerche approfondite, consultare professionisti della nutrizione e monitorare regolarmente la tua salute per assicurarti di ottenere tutti i nutrienti essenziali di cui il tuo corpo ha bisogno.

CAPITOLO 10

Oltre il Presente - L'Evoluzione del Fruttarianismo nel Tempo

L'evoluzione del fruttarianismo nel tempo

Nel vasto panorama delle diete e delle filosofie alimentari, il fruttarianismo si è distinto per la sua particolare enfasi sull'assunzione di frutti. Ma come è nata questa dieta e come si è sviluppata nel corso del tempo? Scopriamolo insieme, viaggiando indietro nel tempo fino alle origini del fruttarianismo e seguendo il suo percorso evolutivo fino ai giorni nostri.

1. **Le radici antiche**
   Molto prima che il termine "fruttariano" venisse coniato, molte culture antiche veneravano la frutta per le sue proprietà nutrizionali e spirituali. Si ritiene che certe civiltà, come quella degli antichi esseni, adottassero un regime alimentare basato prevalentemente su frutti, semi e verdure crude.

2. **Il fruttarianismo nell'antichità e nelle filosofie orientali.**
   Le tradizioni spirituali dell'India e del Sud-Est asiatico hanno spesso enfatizzato la purezza degli alimenti, e in alcuni testi antichi si può trovare l'idea che mangiare frutta potesse portare a una maggiore illuminazione spirituale. Alcuni asceti e monaci sceglievano una dieta

prevalentemente fruttariana come parte della loro pratica spirituale.

3. **Il Rinascimento e il nuovo interesse per la natura.**
Durante il Rinascimento europeo, con la riscoperta della letteratura e della filosofia classiche, crebbe anche un interesse per un ritorno alla natura e ai regimi alimentari naturali. Sebbene il fruttarianismo come lo conosciamo oggi non fosse ancora diffuso, l'idea di nutrirsi in modo "puro" e naturale guadagnò terreno.

4. **Il 20° secolo e l'avvento del moderno fruttarianismo.**
Nel corso del 20° secolo, con la crescita dell'interesse per la nutrizione e la salute naturale, il fruttarianismo ha iniziato a definirsi come una dieta e una filosofia distinta. Autori come Arnold Ehret e il suo "Sistema di Guarigione della Dieta Senza Muco" hanno contribuito a diffondere l'idea del fruttarianismo come uno stile di vita sano e purificante.

5. **Il fruttarianismo oggi.**
Oggi, con l'avvento dei social media e l'interesse crescente per varie diete alternative, il fruttarianismo ha trovato una

nuova ondata di seguaci. Sostenuto da celebrità e influencer, ma anche da ricerche scientifiche, il fruttarianismo continua a evolversi, adattandosi alle nuove scoperte e alle esigenze di chi lo pratica.

La storia del fruttarianismo riflette il desiderio umano di trovare una dieta che sia non solo nutrizionalmente soddisfacente, ma anche spiritualmente ed eticamente allineata ai propri valori. Come ogni filosofia alimentare, ha attraversato periodi di popolarità e declino, ma la sua presenza persistente nel corso della storia testimonia il suo fascino duraturo e la sua capacità di adattarsi e rinnovarsi.

Prospettive per il futuro della dieta fruttariana

Mentre il fruttarianismo ha le sue radici nell'antichità, oggi si trova a un crocevia unico nella sua storia, dovuto ai rapidi cambiamenti nel mondo della nutrizione, della sostenibilità ambientale e delle dinamiche sociali. Questo capitolo esplorerà le possibili traiettorie future del fruttarianismo e come potrebbe evolversi nei prossimi decenni.

1. **Maggiore ricerca e validazione scientifica.**
   Con la crescente popolarità di varie diete alternative e regimi alimentari, è probabile che nei prossimi anni vedremo una maggiore ricerca scientifica focalizzata sul fruttarianismo. Questa ricerca potrebbe portare a una maggiore comprensione dei benefici e dei rischi associati, offrendo una guida più chiara per chi è interessato a adottare questa dieta.

2. **La sostenibilità come forza trainante.**
   Nell'attuale scenario di crisi climatica e di riduzione della biodiversità, l'importanza di scegliere diete sostenibili è più rilevante che mai. Il fruttarianismo, essendo basato su alimenti che generalmente richiedono meno risorse rispetto

alle proteine animali, potrebbe emergere come una scelta preferibile per coloro che sono preoccupati per l'ambiente.

3. **Innovazioni nell'agricoltura.**

   L'avanzamento della tecnologia agricola potrebbe portare a sviluppi significativi nella produzione di frutta. Potremmo vedere frutti geneticamente modificati per essere più nutrienti, per resistere meglio alle malattie, o persino per avere un sapore o una consistenza migliorata. Questo potrebbe rendere il fruttarianismo più accessibile e vario.

4. **Nuove sfide sociali e culturali.**

   Mentre il fruttarianismo guadagna popolarità, potrebbe anche affrontare sfide culturali e sociali. La dieta potrebbe essere vista come elitaria o inaccessibile da alcuni, o potrebbe essere criticata per vari motivi. Tuttavia, come con tutte le diete, la chiave sarà la moderazione, l'educazione e la comprensione.

5. **Una comunità globale connessa.**

Con l'avvento dei social media e delle piattaforme digitali, la comunità fruttariana ha l'opportunità di diventare più connessa che mai. Questo potrebbe portare a un maggiore scambio di idee, ricette, ricerche e risorse, rafforzando la presenza del fruttarianismo nel panorama nutrizionale globale.

Guardando avanti, il fruttarianismo ha il potenziale per crescere e adattarsi alle esigenze del nostro mondo in evoluzione. Come con qualsiasi filosofia o regime alimentare, sarà essenziale affrontare le sfide con mente aperta e basarsi su prove solide per informare le scelte future. Con l'adeguata attenzione e risorse, il fruttarianismo potrebbe avere un ruolo importante nel futuro della nutrizione e della sostenibilità.

Milton Keynes UK
Ingram Content Group UK Ltd.
UKHW050437280324
440101UK00016B/1138

9 798210 819314